Phase I: Der Beginn der Britannien-Expedition

M1 Caesar entschließt sich zu einer Landungsoperation in Britannien (BG 4, 20)

Exigua parte aestatis reliqua Caesar,
    etsi in his locis,
        quod omnis Gallia ad septentriones vergit,
    maturae sunt hiemes,
tamen in Britanniam proficisci contendit,
    quod | omnibus fere Gallicis bellis hostibus nostris inde subministrata
    (esse) auxilia | intellegebat et,
        si tempus anni ad bellum gerendum deficeret,
    tamen magno sibi usui fore arbitrabatur,
        si modo insulam adisset,
        genus hominum perspexisset,
        loca, portus, aditus cognovisset.
Quae omnia fere Gallis erant incognita.
Neque enim temere praeter mercatores adit ad illos quisquam,
neque iis ipsis quicquam praeter oram maritimam atque eas regiones,
    quae sunt contra Galliam,
notum est.
Itaque evocatis ad se undique mercatoribus,
    neque **quanta** esset insulae magnitudo
    neque **quae** aut **quantae** nationes incolerent
    neque **quem** usum belli haberent aut **quibus** institutis uterentur
    neque **qui** essent ad maiorum navium multitudinem idonei portus,
reperire poterat.

Gallia, -ae: *Gebiet zwischen Rhein, Atlantik, Pyrenäen und Oberitalien*
ad septentriones vergere: *nach Norden hin liegen*
Britannia, -ae: *Britannien*
Gallicus: *gallisch*
auxilia subministrare: *Hilfe leisten*

magno usui esse: *von großem Nutzen sein, sehr nützlich sein*

incognitus: *unbekannt*

temere (Adv.): *ohne zwingenden Grund*
mercator, -oris, m.: *Kaufmann*
maritimus: *Meer(es)~*

evocare: *herbeirufen*

incolere (-colo, -colui, -cultum): *bewohnen*

1 Übersetze zuerst die Hauptsätze mit den dazugehörigen AcI- und Partizipialkonstruktionen.

2 Trage anschließend die gewonnenen Informationen in der Tabelle in die jeweiligen Spalten ein.

Stelle	Information	Wer handelt?	Bedeutung

3 Fasse die Gründe zusammen, die Caesar bewegen, nach Britannien überzusetzen.

____

____

____

____

____

____

4 Übersetze anschließend die fehlenden Sätze und Satzteile in dein Heft.

5 Zur Überprüfung deiner Übersetzung einige Fragen. Kreuze die richtigen Antworten an.

	richtig	falsch
Caesar beschließt, nach Britannien überzusetzen, weil das Wetter gut geeignet ist.	☐	☐
Über die Zustände in Britannien ist wenig bekannt.	☐	☐
Caesar weiß, dass die Insel unbewohnt ist.	☐	☐
Die Überfahrt bereitet große Probleme, weil es nicht genügend Landeplätze gibt.	☐	☐
Kaufleute haben gute Kenntnisse über die Insel.	☐	☐
Die Britannier gelten als friedliches Volk.	☐	☐
Die Eroberung Britanniens hätte erheblichen Einfluss auf die Kriegsführung in Gallien.	☐	☐

M2 Erste Vorbereitungen (BG 4, 21)

Caesar ad haec cognoscenda,
priusquam periculum faceret,
|(eum) idoneum esse | arbitratus C. Volusenum cum navi longa praemittit.
Huic mandat,
ut(i) exploratis omnibus rebus ad se quam primum revertatur.
Ipse cum omnibus copiis in Morinos proficiscitur,
quod inde erat brevissimus in Britanniam traiectus.
Huc naves undique ex finitimis regionibus et,
| quam superiore aestate ad Veneticum bellum fecerat classem,
iubet convenire |.
Interim consilio eius cognito et per mercatores perlato ad Britannos a
compluribus eius insulae civitatibus ad eum legati veniunt,
qui polliceantur obsides dare atque imperio populi Romani
obtemperare.
Quibus auditis liberaliter pollicitus hortatusque,
ut in ea sententia permanerent,
eos domum remittit et cum iis una Commium,
quem ipse Atrebatibus superatis regem ibi constituerat,
cuius et virtutem et consilium probabat,
et | **quem** sibi fidelem esse | arbitrabatur,
cuiusque auctoritas in his regionibus magni habebatur,
mittit.
Huic imperat,
quas possit,
adeat civitates horteturque,
ut populi Romani fidem sequantur,
| seque celeriter eo venturum (esse) | nuntiet.
Volusenus perspectis regionibus omnibus,
quantum ei facultatis dari potuit,
qui navi egredi ac se barbaris committere non auderet,
quinto die ad Caesarem revertitur,
quaeque ibi perspexisset,
renuntiat.

periculum facere: *sich auf ein gefährliches Unternehmen einlassen*
Volusenus: *G. Volusenus Quadratus, ein Tribun Caesars*
navis longa: *Kriegsschiff*
explorare: *erkunden, auskundschaften*
quam primum: *möglichst schnell*
Morini, -orum: *Volk der keltischen Belgae*
traiectus, -us, m.: *Überfahrt*

quam classem = eam classem, quam
Veneticum bellum: *Gemeint ist der Feldzug gegen die keltischen Veneter (in der heutigen Bretagne) im Jahre 56 v. Chr.*

obsides dare: *Geiseln stellen (übliches Verfahren, um die Einhaltung getroffener Abmachungen oder Verträge zu garantieren)*
obtemperare: *gehorchen, sich fügen*
liberaliter (Adv.): *freundlich, höflich*
permanēre: *verbleiben, treu bleiben*

Atrebates, -um: *Volk der keltischen Belgae*
constituere aliquem regem: *jemanden als König einsetzen*
probare: *schätzen, anerkennen*
fidelis, -e: *treu, loyal*
magni habēre: *hochachten*

imperat: *kennzeichnet den Beginn einer indirekten Rede*

fidem sequi: *sich durch freiwillige Unterwerfung in jemands Schutz begeben*

auderet (coniunct. causae): *Caesar tadelt seinen Tribun, weil er gegebene Möglichkeiten nicht genutzt hatte*

1 Übersetze zuerst die Hauptsätze mit den dazugehörigen AcI- und Partizipialkonstruktionen.

2 Fasse die Maßnahmen zusammen, die Caesar ergreift, um nach Britannien überzusetzen.

3 Übersetze den ganzen Text.

4 Erläutere, wie der Tribun Volusenus den Lesern vorgestellt wird.

5 Stelle dar, welchen Eindruck Caesar mit dieser Charakterisierung vermittelt.

M3 Kartenausschnitt von Gallien bzw. Britannien

1 Der Historiker Theodor Mommsen schreibt in seiner „Römischen Geschichte“:

„Dass Caesars Überfahrten nach Britannien aus den Häfen der Küste von Calais bis Boulogne an die Küste von Kent ging, ergibt die Natur der Sache sowie Caesars ausdrückliche Angabe. Die genauere Bestimmung der Örtlichkeit ist oft versucht worden, aber nicht gelungen. ... [D]och möchte unter den vielen Möglichkeiten am meisten für sich haben, dass der ... Hafen ... bei Ambleteuse westlich vom Cap Gris Nez, der Reiterhaufen bei Ecale (Wissant) östlich von demselben Vorgebirge zu suchen ist, die Landung aber östlich von Dover bei Walmer Castle stattfand.“

In: Theodor Mommsen: Römische Geschichte. Bd. 3. Berlin 1922, S. 269, Anm. 47 (= 5. Buch, Kap. VII; Rechtschreibung aktualisiert).

Informiere dich über die Lage der Ortschaften Walmer Castle, Dover, Calais, Wissant, Ambleteuse, Boulogne und trage sie in die Karte ein.

2 Recherchiere, wie man heute auf die britische Insel gelangt und wie lange man dafür jeweils braucht.

Transportmittel	Entfernung in Kilometern	Dauer

Phase II: Probleme für die Römer

M4 Der erste Versuch der Landung (BG IV, 23)

Für die Überfahrt stehen 80 Transportschiffe zur Verfügung, um zwei Legionen überzusetzen. Zusätzliche 18 Transportschiffe werden durch widrige Winde in den Hafen festgehalten, so dass die Reitertruppen noch nicht eingeschifft werden können.

Caesar his constitutis rebus, nactus idoneam ad navigandum tempestatem tertia
fere vigilia solvit | equitesque in ulteriorem portum progredi et naves
conscendere et se sequi | iussit.
A quibus cum paulo tardius esset administratum,
ipse hora diei circiter quarta cum primis navibus Britanniam attigit atque ibi in
omnibus collibus expositas hostium copias armatas conspexit.
Cuius loci haec erat natura atque ita montibus angustis mare continebatur,
ut(i) ex locis superioribus in litus telum adigi posset.
| Hunc ad egrediendum nequaquam idoneum locum | arbitratus,
dum reliquae naves eo convenirent,
ad horam nonam in ancoris expectavit.
Interim legatis tribunisque militum convocatis,
et quae ex Voluseno cognovisset et quae fieri vellet,
ostendit monuitque,
ut rei militaris ratio,
maximeque ut maritimae res postularent,
ut,
cum celerem atque instabilem motum haberent,
ad nutum et ad tempus omnes res ab iis administrarentur.
His dimissis et ventum et aestum uno tempore nactus secundum dato signo et
sublatis ancoris circiter milia passuum septem ab eo loco progressus aperto ac
plano litore naves constituit.

navigare: *(los)segeln, (ab)fahren*
nancisci (-ciscor, nactus sum): *etwas erhalter*
naves solvere: *die Anker lichten (eigentlich: di Schiffe lösen)*
conscendere (-scendo, scendi, -scensum): *besteigen*
paulo tardius: *ein wenig zu langsam*
administrare: *(im militärischen Sinne: einen Befehl) ausführen*
collis, collis, m.: *Hügel*
exponere (-pono, -posui, -positum): *aufstelle*
montes angusti: *Berge, die sich bis ans Wasse erstrecken*
superior, -oris: *höher gelegen*
adigere (-igo, -egi, -actum): *(hin)schleudern*
nequaquam: *keineswegs*
ancora, -ae: *Anker*
tribunus militum: *Militärtribun (ein Offizier)*
instabilis, -e: *unbeständig, flexibel*
ad nutum: *auf Befehl*
ad tempus: *gleichzeitig*
planus: flach, eben
constituere: *(hier:) landen lassen*

1 Schreibe zuerst alle Prädikate mit den direkten Objekten und AcI-Konstruktionen zum Subjekt „Caesar" heraus und übersetze sie.

Prädikate und Ergänzungen	Übersetzung
equitesque in ulteriorem portum progredi, et naves conscendere et se sequi	und er befiehlt, dass die Reiter zum weiter entfernten Hafen ... die Schiffe besteigen und ihm folgen
Caesar conspexit	er erblickt ... auf allen Hügeln den Hügel ...
attigit ostendit monuit	er landete in Britannien zeigte ... erklärt

2 Stelle in einer Tabelle die Partizipialkonstruktionen zusammen, getrennt nach Participium coniunctum und Ablativus absolutus. Gib die entsprechende Textstelle an.

Stelle	Participium coniunctum	Ablativus absolutus
Z 1	nactus [illegible]	his constitutis rebus
Z 9	arbitratus	
Z 12		legatis tribunisque militum convocatis
Z		
Z		

3 Übersetze den ganzen Text.

4 In Zeile 19 benennt Caesar das Kernproblem der militärischen Operation. Welches ist die richtige Aussage dazu?

	trifft zu	trifft nicht zu
Da die Britannier nicht mit unserer Ankunft rechnen, wird die Landung problemlos verlaufen.	☐	☐
Da die Koordination der Abläufe während der Landung schwierig ist, kommt es darauf an, dass alles auf Befehl und gleichzeitig abläuft.	☐	☐
Für die Landung brauchen wir ein unwegsames und schwieriges Gelände, damit die Feinde uns nicht angreifen können.	☐	☐

5 Stelle nun den Handlungsablauf der Überfahrt in folgender Übersicht dar.

Vorangegangene Handlung		Fortgang der Handlung
	→	
		↓
	↙	
	→	
	↙	
	→	
	↙	
	→	
	↙	
	→	

M5 Die Britannier verhindern die Landung (BG 4, 24)

At barbari consilio Romanorum cognito, praemisso equitatu et essedariis,
quo plerumque genere in proeliis uti consuerunt,
reliquis copiis subsecuti | nostros navibus egredi | prohibebant.
Erat ob has causas summa difficultas,
quod naves propter magnitudinem nisi in alto constitui non poterant,
militibus autem ignotis locis, impeditis manibus magno et gravi onere
armorum pressis simul et de navibus desiliendum et in fluctibus
consistendum et
cum hostibus erat pugnandum,
cum illi aut ex arido aut paulum in aquam progressi omnibus
membris expeditis, notissimis locis audacter tela conicerent et
equos insuefactos incitarent.
Quibus rebus nostri perterriti atque huius omnino generis pugnae imperiti non
eadem alacritate ac studio,
quo in pedestribus uti proeliis consuerant,
utebantur.

essedarius: *Wagenkämpfer*
genus: *meint hier die Waffengattung „Wagenkämpfer"*
consuerunt: *Kurzform für* consueverunt
subsequi (-sequor, -secutus sum): *(unmittelbar) nachfolgen*
difficultas, -atis, f.: *Schwierigkeit*
nisi ... non: *nur*
altum: *bezeichnet das tiefe Wasser im Gegensatz zum seichten in Strandnähe*
constitui (*Inf. Präs. Passiv von* constituere): *landen*
desilire (-silio, -silui): *herabspringen*
aridum: *das Trockene*
in aquam progredi (-ior, -gressus sum): *(nach vorne) ins Wasser gehen*
omnibus membris impeditis: *gänzlich unbehindert*
audacter: *Adverb zu* audax, -cis: *rücksichtslos*
insuefactus: *(an etwas) gewöhnt*
incitare: *(hier:) ins Meer hineintreiben*
alacritate ac studio: *mit Begeisterung und Einsatzeifer*
proelium pedestre: *Kampf zu Lande, zu Fuß*

1 Erstelle ein Tempusrelief der Prädikate der Hauptsätze und verdeutliche damit die verschiedenen Zeitebenen. Lege dazu ein Tabelle nach folgendem Schema an:

Prädikat im Imperfekt	Prädikat im Perfekt	Prädikat im Plusquamperfekt

2 Bestimme die Formen *desiliendum* (Z. 7), *consistendum* (Z. 8) sowie *pugnandum* (Z. 9) genau.

3 Übersetze den ganzen Text ins Deutsche.

4 Trage aus dem lateinischen Text die Schwierigkeiten und Probleme zusammen, über die Caesar in der Schilderung der Landung berichtet. Belege deine Aussagen anhand lateinischer Zitate aus dem Text.

5 Bewerte aus deiner Sicht die Darstellung.

6 Überlege, welcher Eindruck beim römischen Leser oder Hörer entstehen muss, wenn er diesen Bericht zur Kenntnis nimmt.

M6 Römische Schiffe

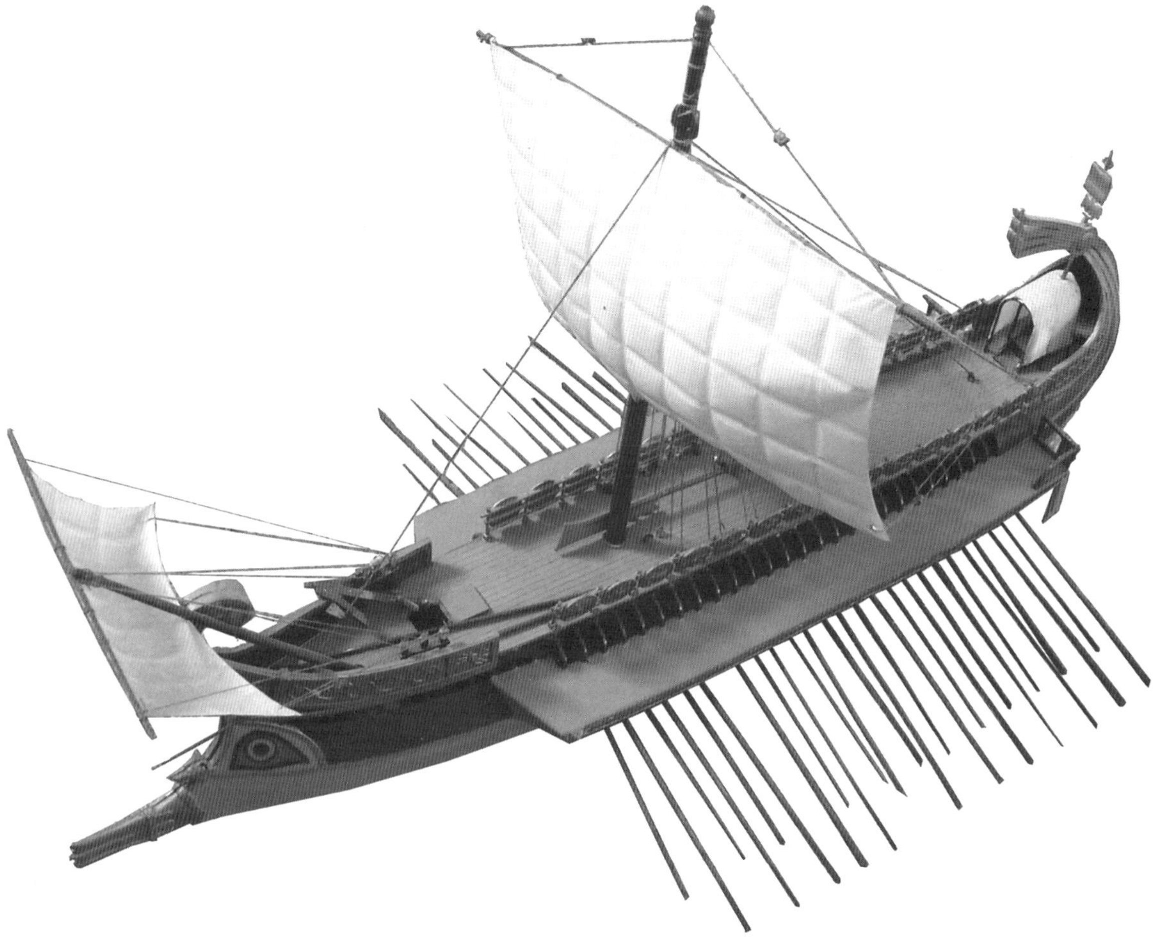

Modell eines römischen Kriegsschiffes

Römisches Lastschiff (2. Jh. n. Chr.). Mosaik aus Sousse (Tunesien)

Römisches Lastschiff. Forum der Korporationen, Ostia

Informiere dich in Sachbüchern oder im Internet über römische Kriegs- und Lastschiffe und beschreibe die unterschiedlichen Schiffstypen.

M 7 Ein Aquilifer geht mit gutem Beispiel voran (BG 4, 25)

1 Quod ubi Caesar animadvertit,
2 | naves longas,
3 quarum et species erat barbaris inusitatior et motus ad usum expeditior,
4 paulum removeri ab onerariis navibus
5 et remis incitari
6 et ad latus apertum hostium constitui
7 atque inde fundis, sagittis, tormentis hostes propelli ac submoveri |
8 iussit.
9 Quae res magno usui nostris fuit.
10 Nam et navium figura et remorum motu et inusitato genere tormentorum permoti barbari constiterunt ac paulum modo pedem rettulerunt.
11 At nostris militibus cunctantibus maxime propter altitudinem maris,
12 qui decimae legionis aquilam ferebat,
13 obtestatus deos,
14 ut ea res legioni feliciter eveniret,
15 „desilite“ inquit „commilitones,
16 nisi vultis aquilam hostibus prodere;
17 ego certe meum rei publicae atque imperatori officium praestitero.“
18 Hoc cum voce magna dixisset,
19 se ex navi proiecit atque in hostes aquilam ferre coepit.
20 Tum nostri cohortati inter se,
21 ne tantum dedecus admitteretur,
22 universi ex navi desiluerunt.
23 Hos item ex proximis navibus cum conspexissent,
24 subsecuti hostibus adpropinquaverunt.

inusitatus: *ungewohnt*
motus ad usum: *Manövrierfähigkeit*
expeditus: *ungehindert*
removēre: *wegbewegen*
navis oneraria: *Lastschiff*
remus, -i: *Ruder*
incitare: *antreiben*
naves constituere: *die Schiffe ankern lassen*
funda, sagitta, tormentum: *Schleuder, Pfeil, Wurfgeschütz*
propellere (-pello, -puli, -pulsum): *forttreiben*
submovēre: *zurückdrängen*
(quae res) magno usui nostris fuit *ist ein doppelter Dativ*
figura, -ae: *(hier:) Gestalt, Aussehen*
pedem referre (-fero, rettuli, relatum): *zurückweichen*
cunctari: *zögern*
altitudo, -inis, f.: *Tiefe*
„qui … ferebat“: *Relativsatz als Subjekt: „der Adlerträger der 10. Legion“*
aquila, -ae: *Adler*
obtestari (-tor, -tatus sum): *als Zeugen anrufe*
res feliciter evenit: *eine Sache geht glücklich aus*
commilito, -onis, m.: *Kamerad*
officium praestare: *die Pflicht erfüllen*
se proicere: *herabspringen (eigentlich: sich nach vorne werfen)*
cohortari: *ermutigen, anfeuern*
dedecus (n.) admittere: *Schande zulassen (der Verlust des Legionsadlers galt als Schande)*
subsequi (-sequor, -secutus sum): *folgen*
adpropinquare: *sich nähern*

1 Bestimme die Formen *inusitatior* (Z. 3) und *expeditior* (Z. 3) und wähle eine passende Übersetzung.

____

____

2 In den Zeilen 15–17 findet sich eine wörtliche Rede. Diese ist die erste in Caesars *Commentarii*. Übersetze die kurze Rede des Adlerträgers und stelle einen Zusammenhang zum Text M 5 her.

____

____

____

____

____

____

3 Untersuche den Satz in Z. 17 stilistisch. Welches stilistische Merkmal fällt hier auf und was wird damit erreicht?

4 Übersetze den ganzen Text.

5 Fasse die Maßnahmen Caesars unter Verwendung der lateinischen Textstellen zusammen.

6 Die Schiffe bekommen während dieser Phase der Landung eine neue Aufgabe. Trage die verschiedenen Informationen dazu aus dem Text zusammen, die die neue taktische Rolle kennzeichnen, und beschreibe die Wirkung auf die Feinde.

7 Erarbeite den Eindruck, der beim Leser durch die Lektüre dieses Kapitels entsteht.

M8 Der Legionsadler und sein Träger

Das Bild zeigt den Moment, in dem der Adlerträger ins Wasser springt, um als Erster an Land zu gehen, damit er seinen Kameraden als Orientierungspunkt zum Sammeln dient. Soldaten, die als *aquilifer* dienten, waren angesehene, lang gediente und damit erfahrene Soldaten, die schon viele gefährliche Situationen überstanden hatten. Gleichzeitig verkörperten sie den Genius ihrer Legion, indem sie als Person hinter einer Maske zurücktraten. Sie bekamen dadurch eine religiöse Funktion.

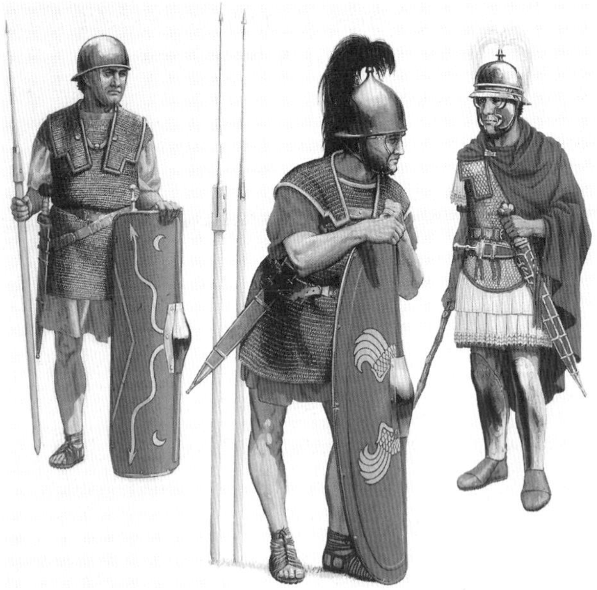

Die Ausrüstung der römischen Legionäre zur Zeit des gallischen Krieges bestand aus dem Montefortino-Helm, einem Kettenhemd, zwei Wurfspeeren *(pilum)*, Schild *(scutum)*, Schwert *(gladius)* und Dolch *(pugio)*. Die Offiziere hatten natürlich eine prachtvollere Ausstattung.

Der *aquilifer* der *legio XV Apollinaris* beim Legionsfest im österreichischen Pram.

Die englische Schriftstellerin Rosemary Sutcliff schildert in dem Roman „Der Adler der Neunten Legion“, der im 2. Jahrhundert nach Christus in der römischen Provinz Britannia spielt, wie der ehemalige Centurio Marcus Flavius Aquila einen verschollenen Legionsadler wiederfinden will und dabei eine Menge Abenteuer erlebt. In jener legio IX Hispana, *die im Norden Britanniens spurlos verschwand, hatte auch sein Vater gedient. Dem Mädchen Cottia legt Marcus die Gründe für seine beharrliche Suche dar:*

„Es war meines Vaters Adler“, sagte Marcus zu ihr, weil er instinktiv fühlte, dass sie das verstehen könnte, während sie für die anderen Gründe seiner Suche kein Verständnis haben würde. Eine persönliche Treue war etwas Selbstverständliches, aber er wusste, dass es nicht in seiner Macht stand, Cottia die seltsamen, komplizierten, weiterreichenden Treuepflichten des Soldaten verständlich zu machen, die sich ebenso von denen eines Kriegers unterscheiden wie die Linie der sich brechenden Welle auf dem Schildbuckel von dem streng geordneten Muster auf seinem Dolch. „Weißt du, bei uns lebt eine Legion durch ihren Adler; solange er in römischen Händen ist, und selbst wenn nur eine Handvoll Männer am Leben geblieben ist, dann gibt es die Legion noch. Nur wenn wir den Adler verlieren, ist es aus mit der Legion. Darum ist nie wieder eine Neunte Legion aufgestellt worden. Aber es gibt immer noch mehr als ein Viertel der Männer von der Neunten Legion, die auf jenem letzten Marsch nicht mit nach Norden marschierten, weil sie an anderen Grenzen eingesetzt waren oder weil sie krank waren oder Garnisonsdienst taten. Sie werden anderen Legionen zugeteilt sein, aber man könnte sie wieder zusammenholen, um den Kern einer neuen Neunten Legion zu bilden. Die Spanische war die erste Legion meines Vaters, und sie war seine letzte, und es war die, die ihm von allen Legionen, in denen er gedient hat, am meisten am Herzen lag.“

Aus dem Mund eines alten Britanniers erfährt Marcus später die Umstände, unter denen der Adler verloren ging und sein Vater starb:

„Wir stellten sie schließlich in dem Sumpfland einen Tag weit von dem Platz, den sie die drei Hügel nennen; sie stellten sich zum Kampf wie ein Keiler. Uns war der leichte Erfolg zu Kopf gestiegen, denn bis zu dem Tag war alles ganz einfach gewesen. Sie wichen, wo man auch zustieß, aber an dem Tag war es anders. Die anderen waren nur die Splitter des Feuersteins gewesen, aber diese waren der Stein, ein kleiner Stein nur, ein ganz kleiner … Sie bildeten einen Kreis und hatten den geflügelten Gott in ihrer Mitte; als wir ihren Schildwall durchbrachen, trat einer von innen über seinen gefallenen Bruder, und siehe da, der Schildwall war wieder geschlossen wie vorher. Wir besiegten sie schließlich – ja, aber sie nahmen ein stattliches Geleit von unseren Kriegern mit sich. Wir kämpften weiter, bis nur noch ein kleiner Haufen von ihnen übrig war – nicht mehr als die Finger an meinen beiden Händen –, und der geflügelte Gott war immer noch in ihrer Mitte. Ich, Tradui, ich erschlug mit meinem letzten Wurfspeer den Priester in dem gescheckten Fell, der den Stab hielt; aber ein anderer ergriff den Stab, als er fiel, und hielt ihn hoch, so dass der geflügelte Gott nicht fiel, und er sammelte die paar, die noch übrig waren. Er war ein Häuptling unter den letzten, er hatte einen größeren Helmbusch, und sein Mantel war aus dem Scharlachrot der Krieger. Ich wünschte, ich hätte ihn getötet, aber ein anderer war schneller als ich …“

In: Rosemary Sutcliff: Der Adler der Neunten Legion.
Ins Deutsche übertragen von Ilse Wodtke.
Stuttgart: Union 1971, S. 135, 196 f.

1 Finde heraus, welche Funktion ein Adlerträger in der römischen Legion hatte.

2 Stelle die unterschiedliche Wahrnehmung des Legionsadlers und seines Trägers durch Römer und Britannier in den Romanauszügen einander gegenüber.

Römer	Britannier

3 Stelle dar, welche Schwierigkeiten sich für die römischen Soldaten ergeben, wenn sie dem *aquilifer* ins Wasser folgten.

M9 Die Römer setzen sich durch (BG 4, 26)

Pugnatum est ab utrisque acriter.
Nostri tamen,
quod neque ordines servare
neque firmiter insistere
neque signa subsequi poterant
atque alius alia ex navi quibuscumque signis occurrerat, se adgregabat,
magnopere perturbabantur.
Hostes vero notis omnibus vadis,
ubi ex litore aliquos singulares ex navi egredientes conspexerant,
impeditos adoriebantur,
plures paucos circumsistebant,
alii ab latere aperto in universos tela coniciebant.
Quod cum animum advertisset Caesar,
| scaphas longarum navium, item speculatoria navigia militibus compleri | iussit et,
quos laborantes conspexerat,
his subsidia submittebat.
Nostri simul in arido constiterunt,
suis omnibus consecutis in hostes impetum fecerunt
atque eos in fugam dederunt;
neque longius prosequi potuerunt,
quod equites cursum tenere atque insulam capere non potuerant.
Hoc unum ad pristinam fortunam Caesari defuit.

ab utrisque: *auf beiden Seiten*
ordines servare: *die Schlachtordnung einhalten*
firmiter (Adv.): *fest, standhaft, beharrlich*
insistere: *nachdrängen*
alius alia ex navi: *der eine aus diesem, der andere aus einem anderen Schiff*
se adgregare: *sich anschließen*
magnopere (Adv.): *sehr*
vadum, -i: *seichte Stelle, Furt*
singularis; -e: *einzeln*
adoriri: *angreifen*
circumsistere (-sisto, -steti): *umzingeln*
ab latere aperto: *von der (durch den Schild) nicht gedeckten Seite der römischen Soldaten, d. h. von der rechten Seite*
scapha, -ae: *Beiboot*
navigium speculatorium: *Aufklärungsschiff (Im militärischen Sinne meint „Aufklärung“ das Sammeln von Informationen über den Feind)*
subsidia submittere: *zu Hilfe schicken*
in fugam dare: *in die Flucht schlagen*
prosequi (-or, secutus sum): *verfolgen*
cursus, -us, m.: *(hier:) Kurs*
capere: *(hier:) erreichen (Die Schiffe mit den Reitern hatten also nicht an der Landung teilgenommen)*
pristinus: *altbewährt (Caesars Glück galt neben seiner* clementia *als sprichwörtlich)*

1 Erstelle eine Tabelle, indem du die Prädikate der Hauptsätze den jeweiligen handelnden Personen zuordnest. Übersetze anschließend die Subjekte und Prädikate, wobei du versuchst, die Tempora Imperfekt und Perfekt aussagekräftig in ihren verschiedenen Aktionsarten wiederzugeben.

Prädikate	Übersetzung	Subjekte	Übersetzung

Prädikate	Übersetzung	Subjekte	Übersetzung

2 Übersetze anschließend den Rest.

3 Charakterisiere den Sprachstil Caesars und beschreibe die Wirkung beim Leser.

Sprache:

Perspektive:

Wirkung:

M10 Landemanöver heute – Szenen aus dem Spielfilm „Der Soldat James Ryan“

In dem Spielfilm von Steven Spielberg aus dem Jahr 1998 mit Tom Hanks in der Hauptrolle wird dargestellt, wie die Landung der Alliierten am sogenannten „D-Day“ (6. Juni 1944) in der Normandie erfolgte und unter welchen Bedingungen dies geschah.

1 Beschreibe die auf den Bildern dargestellten Stationen der Invasion.

2 Vergleiche nun die einzelnen Abschnitte mit Caesars Schilderung.

Phase III: Das Wetter hilft den Britanniern

M 11 Das Schicksal der Reiterei (BG 4, 28)

Die Britannier müssen dem Druck der angreifenden römischen Legionäre weichen und fliehen. Nach Beendigung der Kämpfe schicken sie Gesandte zu Caesar, damit sie um Frieden bitten. Dabei liefern sie auch den Atrebaten Commius wieder aus, der von Caesar zu Verhandlungen vorgeschickt und von ihnen gefangen genommen worden war. Caesar verlangt von ihnen, zur Vermeidung weiterer Angriffe Geiseln zu stellen.

His rebus pace confirmata post diem quartum,
        quam est in Britanniam ventum,
naves XVIII,
        de quibus supra demonstratum est,
        quae equites sustulerant,
ex superiore portu leni vento **solverunt**.
        Quae cum adpropinquarent Britanniae et ex castris viderentur,
tanta tempestas subito **coorta est**,
        ut nulla earum cursum tenere posset,
        sed aliae eodem,
                unde erant profectae,
        referrentur,
        aliae ad inferiorem partem insulae,
                quae est propius solis occasum,
        magno sui cum periculo deicerentur.
        Quae tamen ancoris iactis cum fluctibus complerentur,
necessario adversa nocte in altum provectae continentem **petiverunt**.

tollere: *(hier:) an Bord nehmen*
adpropinquare: *sich nähern*
cooriri (-ior, coortus sum): *entstehen*
inferior: -oris: *Gegenteil von* superior
occasus, -us, m.: *Untergang*
deicere (-icio, -ieci, -iectum): *(herab)werfen*
iacere (iacio, ieci, iactum): *werfen*
necessario (Adv.): *notgedrungen*
adversa nocte: *in die Nacht hinein*
provehi (-vehor, -vectus sum): *hinaustreiben*
continens, -entis, f.: *Kontinent, Festland*

1 Übersetze zuerst die gekennzeichneten Wörter und gib an, in welchem Zusammenhang sie untereinander stehen.

2 Übersetze den ganzen Text.

3 Caesar leitet den Abschnitt mit dem Ablativus absolutus *pace confirmata* ein. Überlege dir, ob diese Behauptung zu diesem Zeitpunkt gerechtfertigt war.

M12 Die Springflut (BG 4, 29)

Eadem nocte accidit,
        ut esset luna plena,
                qui dies maritimos aestus maximos in Oceano efficere consuevit,
nostrisque id erat incognitum.
Ita uno tempore et longas naves,
        quibus Caesar exercitum transportandum curaverat
        quasque in aridum subduxerat,
aestus complebat,
et onerarias,
        quae ad ancoras erant deligatae,
tempestas adflictabat,
neque ulla nostris facultas aut administrandi aut auxiliandi dabatur.
        Compluribus navibus fractis reliquae cum essent funibus ancoris
        reliquisque armamentis amissis ad navigandum inutiles,
magna,
        id quod necesse erat accidere,
totius exercitus perturbatio facta est.
Neque enim naves erant aliae,
        quibus reportari possent,
et omnia deerant,
        quae ad reficiendas naves erant usui,
et,
        quod omnibus constabat hiemari in Gallia oportere,
frumentum in his locis in hiemem provisum non erat.

- luna, -ae: *Mond*
- Oceanus, -i: *Meer, Ozean*
- transportare: *hinüberbringen, übersetzen*
- deligare: *anbinden, befestigen*
- adflictare: *beschädigen*
- administrare: *helfen, behilflich sein*
- auxiliari: *helfen, Beistand leisten*
- funis, -is, m.: *Seil, Tau*
- armamenta, -orum: *Ausrüstungsgegenstände, Takelage*
- inutilis, -e: *unbrauchbar, ungeeignet*
- perturbatio, -onis, f.: *zu perturbare*
- reportare: *zurückbringen*
- reficere (-ficio, -feci-, fectum): *wiederherstellen, reparieren*
- hiemare: *(in festen Quartieren) überwintern*
- providēre: *beschaffen, für etwas sorgen*

1 Übersetze zuerst die folgenden Ausdrücke des Textes und überlege dir anschließend, in welchem Zusammenhang sie untereinander stehen.

accidit ____________________

id erat incognitum ____________________

aestus complebat ____________________

temestas adflictabat ____________________

neque ulla facultas dabatur ____________________

perturbatio facta est ____________________

neque naves erant aliae ____________________

omnia deerant ____________________

frumentum provisum non erat ____________________

2 Übersetze den ganzen Text.

3 Beantworte folgende Fragen stichpunktartig:

a Warum schildert Caesar so ausführlich die beiden Naturphänomene im Zusammenhang mit der Landungsoperation?

b Welche Eindrücke entstehen dadurch beim Hörer oder Leser?

c Welche Rückwirkungen haben diese Schilderungen auf den Gesamtzusammenhang des Textabschnittes?

d Wie sieht Caesar seine Rolle bei dem Geschehen?

4 Wenn du dir die Überschrift über dem nächsten Text anschaust, welche Reaktionen erwartest du von den britannischen Fürsten?

M 13 Infotext: Was springt bei der Springflut?

Ebbe und Flut entstehen hauptsächlich durch die Anziehungskraft des Mondes. Je nachdem, wo man sich auf der Erdoberfläche befindet, wirkt die Mondgravitation unterschiedlich stark: Je näher der Betrachter dem Mond ist, desto intensiver wirkt dessen Anziehungskraft. Auf diese Unterschiede in der Anziehung reagiert das Wasser der Ozeane – es bildet Flutberge und Ebbetäler, die feste Erde ist zu starr für einen sichtbaren Effekt. Der Rhythmus der Gezeiten – einmal Ebbe und einmal Flut innerhalb von 12 Stunden und 25 Minuten – wird vom wechselnden Stand des Mondes vorgegeben.

Die Gezeiten werden allerdings auch von der Anziehungskraft eines viel größeren Himmelskörpers beeinflusst – von der Sonne. Sie übt zwar im Vergleich zum Mond nur 46 Prozent der Gezeitenkraft auf das Meerwasser aus, aber das reicht aus, um die Höhe von Flut und Ebbe erheblich zu variieren.

Und das geht so: Steht die Sonne in einer Linie mit Mond und Erde, dann verstärkt sie die Gezeiten. Das passiert also immer bei Neumond und bei Vollmond. Bei Neumond steht die Sonne hinter dem Mond. Dann kommt ihre Wirkung einfach zu der des Mondes hinzu. Bei Vollmond ist die Sache ein bisschen komplizierter. Auf der Seite der Erde, die dem Trabanten zugewandt ist, zieht der Mond das Wasser (weil diese Oberfläche ihm näher ist als der Erdmittelpunkt) stärker zu sich hin, die Anziehungskraft der Sonne ist dort zugleich schwächer als im Erdmittelpunkt. Gerade umgekehrt ist es auf der sonnenbeschienenen, mondfernen Seite.

Sowohl bei Vollmond als auch bei Neumond verstärken sich also die Gezeitenkräfte von Mond und Sonne durch ihre Überlagerung. Und nicht nur die Flut ist an diesen Tagen besonders stark, sondern auch die Ebbe. Denn das Wasser, das in die Flutberge hineinfließt, muss ja schließlich irgendwo herkommen. Anders als der Name „Springtide“ suggeriert, „springt“ bei der ganzen Angelegenheit allerdings nichts. Denn die Himmelskörper bewegen sich ja kontinuierlich durch den Raum und nicht ruckartig. So können sie auch keine unvermittelten Wasserbewegungen auf der Erde hervorrufen.

Quelle: Deutsche Physikalische Gesellschaft e. V. (http://www.weltderphysik.de/de/5248.php, 13.03.08)

Durch die moderne Wissenschaft kennen wir die Zusammenhänge zwischen den Konstellationen der Gestirne und den Auswirkungen auf Ebbe und Flut. Trotzdem bleibt eine Springflut ein beeindruckendes Naturphänomen.

Versuche, dich in die Situation eines einfachen Legionärs zu versetzen, der in der Regel abergläubisch war und in dessen Denken Götter Einfluss auf sein Leben nahmen:

a Wie hat er sich gefühlt?

b Wie musste er vor diesem Hintergrund seine augenblickliche Situation empfinden?

c Welche Rolle kam Caesar als dem verantwortlichen Feldherrn zu?

Phase IV: Die Britannier greifen erneut an

M 14 Die Britannier wittern ihre Chance (BG 4, 30 f.)

Quibus rebus cognitis principes Britanniae,
qui post proelium ad Caesarem convenerant,
inter se conlocuti,
cum et equites et naves et frumentum Romanis deesse intellegerent et
paucitatem militum ex castrorum exiguitate cognoscerent,
quae hoc erant etiam angustiora,
quod sine impedimentis Caesar legiones transportaverat,
optimum factu esse duxerunt rebellione facta frumento commeatuque nostros
prohibere et rem in hiemem producere,
quod his superatis aut reditu interclusis neminem postea belli inferendi
causa in Britanniam transiturum confidebant.
Itaque rursus coniuratione facta paulatim ex castris discedere et suos clam ex agris
deducere coeperunt.
(31)
At Caesar etsi nondum eorum consilia cognoverat,
tamen et ex eventu navium suarum et ex eo,
quod obsides dare intermiserant,
fore [= futurum esse] id,
quod accidit,
suspicabatur.
Itaque ad omnes casus subsidia comparabat.
Nam et frumentum ex agris cotidie in castra conferebat
et quae gravissime adflictae erant naves,
earum materia atque aere ad reliquas reficiendas utebatur,
et quae ad eas res erant usui,
ex continenti comparari iubebat.
Itaque,
cum summo studio a militibus administraretur,
XII navibus amissis,
reliquis ut navigari satis commode posset,
effecit.

conloqui (-loquor, -locutus sum): *sich unterhalten*

paucitas, -atis, f.: *geringe Zahl*
exiguitas, -atis, f.: *Kleinheit, geringe Größe*
angustus: *(von der Ausdehnung her) klein, eng*
impedimenta, -orum: *Gepäck (Gemeint ist hier, dass Caesar und seine Soldaten nur mit einem Minimum an Ausrüstung gefahren waren)*
optimum factum esse duxerunt: *sie hielten es für das Beste*
rebellio, -onis, f.: *Aufstand*
commeatus, -us, m.: *Zufuhr, Nachschub*
reditus, -us, m.: *Rückkehr*
intercludere (-cludo, -clusi, -clusum): *abschneiden, verhindern*
clam (Adv.): *heimlich*

eventus, -us, m.: *das Schicksal*
ex eo, quod: *aus der Tatsache, dass*
intermittere (-mitto, -misi, missum): *unterbrechen*

subsidia comparare: *Vorkehrungen treffen (eigentl.: Hilfsmittel bereit stellen)*
cotidie (Adv.): *täglich*
conferre: *zusammentragen (lassen)*
adflictus: *beschädigt*
materia, -ae: *Bauholz (Caesar verwendete also von den nicht mehr einsatzbereiten Schiffen Baumaterial zur Reparatur der noch seetüchtigen)*
aes, -aeris, n.: *Bestandteile aus Metall (z. B. Nägel und Beschläge)*
comparare: *(hier:)* beschaffen
administrare: *an die Arbeit gehen*

commode (Adv.): *(hier:) gefahrlos*

1 Übersetze den Text.

2 Stelle die Reaktionen der Britannier und die Gegenmaßnahmen Caesars anhand der Subjekte und Prädikate in einem Schaubild gegenüber.

Britannier	Gegenmaßnahmen Caesars

Überlege dir, welches Bild von den beiden Kriegsparteien entsteht.

3 Welches Bild gewinnt der römische Hörer oder Leser von den Britanniern?

M15 Die Geheimwaffe der Britannier: der Streitwagen (BG 4,32,5–33,3)

Während die römischen Soldaten sich um Verpflegung kümmern, werden sie von den Britanniern angegriffen. Es kommt zum Kampf mit den römischen Truppen. Dabei setzen die Britannier eine Waffengattung ein, die die Römer in dieser Gegend noch nicht kennengelernt hatten: die Streitwagen.

Genus hoc est ex essedis pugnae:
Primo per omnes partes perequitant et tela coniciunt atque ipso terrore equorum et strepitu rotarum ordines plerumque perturbant,
et cum se inter equitum turmas insinuaverunt,
ex essedis desiliunt et pedibus proeliantur.
Aurigae interim paulum ex proelio excedunt atque ita currus conlocant,
ut,
si illi a multitudine hostium premantur,
expeditum ad suos receptum habeant.
Ita mobilitatem equitum, stabilitatem peditum in proeliis praestant ac tantum usu cotidiano exercitatione efficiunt,
ut(i) in declivi ac praecipiti loco incitatos equos sustinere et brevi moderari ac flectere et per temonem percurrere et in iugo insistere et inde se in currus citissime recipere consuerint.

essedum, -i: *Streitwagen*
perequitare: *durchfahren*
ipso terrore: *nur durch den Schrecken*
strepitu rotarum: *durch das laute Rollen der Räder*
turma, -ae: *(militär.) Abteilung, Schwadron*
insinuare: *eindringen*
proeliari: *kämpfen*
auriga, -ae, m.: *Wagenlenker*
expeditum receptum habere: *eine sichere Rückkehr haben*
mobilitas, -atis, f.: *Beweglichkeit*
stabilitas, -atis, f.: *Standfestigkeit*
cotidianus: *täglich*
declivi ac praecipiti loco: *auf einem sehr stark abfallenden Gelände*
incitatus: *in vollem Lauf, im Galopp*
equos sustinere: *die Pferde zügeln*
brevi moderari: *innerhalb kurzer Zeit langsamer werden lassen*
per temonem percurrere: *über die Deichsel laufen*
citissime (Adv.): *sehr schnell, schnellstens*

1 Übersetze den Text.

2 Der Kampf mit Streitwagen war für die römischen Legionäre in dieser Gegend etwas gänzlich Neues und für manche sicher etwas noch nie Erlebtes. Beschreibe, wie sich die Soldaten gefühlt haben.

____

____

____

____

3 Stelle dar, welche Funktion dieser Exkurs innerhalb des Gesamtzusammenhangs hat.

____

____

____

____

Phase V: Der Erfolg römischer Taktik

M16 Caesar reagiert auf die Maßnahmen der Britannier (BG 4,34)

Caesar macht sich mit einigen Kohorten auf den Weg, um die bedrängten Legionäre zu befreien.

Quibus rebus perturbatis nostris novitate pugnae tempore opportunissimo Caesar auxilium tulit. Namque eius adventu hostes constiterunt, nostri se ex timore receperunt. Quo facto ad lacessendum hostem et committendum proelium alienum esse tempus arbitratus suo se loco continuit et brevi tempore intermisso in castra legiones reduxit. Dum haec geruntur, nostris omnibus occupatis, qui erant in agris reliqui, discesserunt. Secutae sunt continuos dies complures tempestates, quae et nostros in castris continerent et hostem a pugna prohiberent. Interim barbari nuntios omnes partes dimiserunt paucitatemque nostrorum militum suis praedicaverunt, et quanta praedae faciendae atque in perpetuum sui liberandi facultas daretur, si Romanos castris expulissent, demonstraverunt. His rebus celeriter magna multitudine peditatus equitatusque coacta ad castra venerunt.

perturbatis nostris: *Dativobjekt* zu auxilium ferre
novitas, -atis, f.: *Neuheit, Neuartigkeit*
lacessere (lacesso, lacessivi, lacessitum): *reizen, provozieren*
continuus: *zusammenhängend, ununterbrochen*
praedicare: *öffentlich bekannt machen*
facultas, -atis, f.: *Möglichkeit, Gelegenheit*
his rebus: *durch die Erwähnung dieser Dinge*
peditatus, -us, m.: *Fußtruppen, Infanterie*

1 Nun musst du alles anwenden, was du gelernt hast. Gliedere zunächst den Text nach der Einrückmethode.

2 Übersetze den Text.

3 Charakterisiere den Sprachstil Caesars und vergleiche ihn mit den Möglichkeiten, die die deutsche Sprache bei der Wiedergabe der Inhalte bietet.

M17 Caesars Sieg und Rückkehr (BG 4,35 f.)

Caesar etsi idem, quod superioribus diebus acciderat, fore videbat, ut, si essent hostes pulsi, celeritate periculum effugerent, tamen nactus equites circiter XXX, quos Commius Atrebas, de quo ante dictum est, secum transportaverat, legiones in acie pro castris constituit. Commisso proelio diutius nostrorum militum impetum hostes ferre non potuerunt ac terga verterunt. Quos tanto spatio secuti, quantum cursu et viribus efficere potuerunt, complures ex iis occiderunt, deinde omnibus longe lateque aedificiis incensis se in castra receperunt.

(36)

Eodem die legati ab hostibus missi ad Caesarem de pace venerunt. His Caesar numerum obsidum, quem ante imperaverat, duplicavit eosque in continentem adduci iussit, quod propinqua die aequinoctii infirmis navibus hiemi navigationem subiciendam non existimabat. Ipse idoneam tempestatem nactus paulo post mediam noctem naves solvit. Quae omnes incolumes ad continentem pervenerunt. Sed ex iis onerariae duae eosdem portus quos reliquae capere non potuerunt et paulo infra delatae sunt.

Atrebas, -atis: *Sg. zu Atrebates, -ium*
terga vertere: *fliehen*
tanto spatio, quam: *so weit, wie*
cursu et viribus: *durch angestrengten Ritt*
duplicare: *verdoppeln*
aequinoctium, -i: *Tagundnachtgleiche (Hier ist die am 22./23. September gemeint, danach war Schifffahrt wegen der Herbststürme zu gefährlich.)*
navigatio, -onis, f.: *Seefahrt, Überfahrt*
infra (Adv.): *unten, darunter*

1 Gliedere den Text nach der Einrückmethode und übersetze ihn anschließend ins Deutsche.

2 Bewerte aus deiner Sicht die Darstellung des Sieges über die Britannier und vergleiche sie mit seinen Maßnahmen nach dem ersten Sieg.

____

____

____

____

____

____

____

3 Welcher Eindruck entsteht zum Schluss des Gesamttextes, wenn Caesar seine Maßnahmen sehr kurz und knapp wiedergibt?

____

____

____

____

____

Lösungsvorschläge

Phase I: Der Beginn der Britannien-Expedition

M 1 Caesar entschließt sich zu einer Landungsoperation in Britannien (BG 4,20)

1
- Ein kleiner Teil des Sommers war noch übrig, trotzdem beeilte sich Caesar, nach Britannien aufzubrechen.
- Fast alles war den Galliern unbekannt.
- Weder geht nämlich irgendjemand außer einem Kaufmann ohne zwingenden Grund zu ihnen, noch ist irgendetwas selbst ihnen bekannt außer den Küstengegenden und den Regionen.
- Nachdem also Kaufleute von überall her bei ihm zusammengerufen worden waren, konnte er herausfinden …

2 Informationstabelle:

Stelle	Information	Wer handelt?	Bedeutung
Z. 1–12	Caesar will nach Britannien aufbrechen, das Jahr ist aber schon weit fortgeschritten.	Caesar	Risiko!!
Z. 13–17	Nur einzelne Regionen werden von Kaufleuten bereist.		Die Verhältnisse in Britannien sind kaum bekannt.
Z. 18–23	Caesar sammelt Informationen durch Kaufleute.	Caesar	Auch Caesars Wissen ist recht spärlich.

3 Caesar weiß zu wenig über Britannien, deswegen plant er eine Fahrt dorthin. Die Gallier und die Kaufleute können ihm nicht weiterhelfen.

4 Übersetzung:
Ein kleiner Teil des Sommers war noch übrig, auch wenn in dieser Gegend die Winter zeitig kommen, weil ganz Gallien nach Norden liegt, beeilte sich Caesar dennoch, nach Britannien aufzubrechen, weil er erkannte, dass in fast allen gallischen Kriegen unseren Feinden von dort Hilfe geleistet worden war, und weil er glaubte, auch wenn die Zeit im Jahr

fehlte, einen Krieg zu führen, dass es für ihn dennoch von Nutzen sein werde, wenn er nur auf die Insel gefahren war, den Menschenschlag in Augenschein genommen und Gegend, Häfen sowie Zugänge ausgekundschaftet hatte.
Fast alles war den Galliern unbekannt.
Weder geht nämlich irgendjemand außer einem Kaufmann ohne zwingenden Grund zu ihnen noch ist irgendetwas selbst ihnen bekannt außer den Küstengegenden und den Regionen, die gegenüber von Gallien liegen.
Nachdem also Kaufleute von überall her bei Caesar zusammengerufen worden waren, konnte er nicht herausfinden, welche Größe die Insel hat, welche und wie große Stämme dort leben, welche Art der Kriegsführung sie anwenden und welche Einrichtungen sie verwenden oder welche für eine große Anzahl größerer Schiffe geeignete Häfen es gibt.

5

	richtig	falsch
Caesar beschließt, nach Britannien überzusetzen, weil das Wetter gut geeignet ist.	☐	☒
Über die Zustände in Britannien ist wenig bekannt.	☒	☐
Caesar weiß, dass die Insel unbewohnt ist.	☐	☒
Die Überfahrt bereitet große Probleme, weil es nicht genügend Landeplätze gibt.	☐	☒
Kaufleute haben gute Kenntnisse über die Insel.	☐	☒
Die Britannier gelten als friedliches Volk.	☐	☒
Die Eroberung Britanniens hätte erheblichen Einfluss auf die Kriegsführung in Gallien.	☒	☐

M2 Erste Vorbereitungen (BG 4,21)

1
- Caesar glaubte, dass Gaius Volusenus geeignet sei, dies in Erfahrung zu bringen, und schickt ihn mit einem Kriegsschiff voraus.
- Er gibt ihm den Auftrag …
- Er selbst marschiert mit allen Truppen in das Gebiet der Moriner.
- Er befiehlt, dass dorthin Schiffe aus den benachbarten Regionen und … zusammenkommen.

4 Caesar wollte den römischen Leser bzw. Hörer durch seine Darstellung in eine bestimmte Richtung beeinflussen. Gehe nun zusammenfassend auf folgende Punkte ein:

a Wie stellt sich Caesar während der Planungsphase als Feldherr dar?

b Wie erscheint seine anschließende Kriegsführung?

c Wie schildert Caesar seine Gegner bzw. die anderen römischen Offiziere?

5 Um die *Commentarii* in ihrem historischen Kontext bewerten zu können, musst du dich mit der Biografie und dem politischen Werdegang Caesars beschäftigen. Wichtig ist besonders sein Wirken als Verfasser der *Commentarii;* finde Informationen dazu.

6 Caesar hatte zahlreiche Gegner in der politischen Landschaft Roms. Wie könnte einer seiner Gegner die Britannien-Expedition kommentieren? Schreibe einen Kommentar aus seiner Sicht.

M18 Pelagio Palagi: Caesar diktiert die *Commentarii* (1811–1813)

Palazzo del Quirinale, Rom

1 Beschreibe das Bild.

2 Erläutere, welche Informationen der Betrachter bezüglich der Abfassung römischer Werke entnehmen kann.

M19 Caesars Britannien-Expedition aus der Sicht moderner Historiker

Matthias Gelzer, Caesar – der Politiker und Staatsmann

Handelte es sich hier[1] nur um die militärische Sicherung der Rheingrenze, so sollte dagegen die gewaltsame Rekognoszierung[2] Britanniens, die Caesar im Herbst 55 mit zwei Legionen unternahm, die dauernde Besitzergreifung dieses Landes einleiten.

Politisch bestand ein enger Zusammenhang zwischen den Kelten diesseits und jenseits des Kanals, zeitenweise hatten sie ein einheitliches Reich gebildet, in den bisherigen Kämpfen, zumal im Veneterkrieg des Vorjahrs, hatten auch britische Kelten gegen Caesar gefochten. Außerdem galt Britannien als ein reiches Land. Getreide, Viehherden, Gold, Silber und Eisen sollte es dort geben. Diplomatisch wurde das Unternehmen vorbereitet durch Verhandlungen mit Abgesandten einiger britischer Staaten, welche sich gleich auf die Kunde von Caesars Absicht einfanden. Auf die Rückreise gab er ihnen Commius mit, den Atrebaten, welchem er zum Lohn für seine guten Dienste das Königtum in seinem Staate verliehen hatte und welcher wohl Beziehungen hatte zu den britischen Atrebaten. Allerdings hielten ihn die Briten fest und gaben ihn erst auf Caesars Landung hin wieder frei. Militärisch wurde nichts erreicht, weil es nicht gelang, die Schiffe mit den Reitern hinüberzubringen. Doch wurde das Lager behauptet und, nachdem schon Stürme die Flotte erheblich beschädigt hatten, erreichte schließlich das römische Expeditionskorps ohne allzu schwere Verluste wieder das Festland. Die Geiseln, welche Caesar allen Gemeinden, mit denen er in Berührung gekommen war, abverlangt hatte, blieben begreiflicherweise mit zwei Ausnahmen aus.

In Rom machte jedoch gerade diese Fahrt nach der sagenhaften Insel den größten Eindruck, und ein willfähriger Senat – die Sitzungen wurden ganz verschieden besucht – antwortete auf Caesars Bericht über das beendete Kriegsjahr durch ein Dankfest von zwanzig Tagen[3].

In: Matthias Gelzer: Caesar – der Politiker und Staatsmann.
Wiesbaden: Franz Steiner 1960, S. 117 f.

1 Gemeint ist der Brückenbau über den Rhein, der als Machtdemonstration gegenüber den Germanen auf der rechten Rheinseite gedacht war.
2 Rekognoszierung ist ein Fremdwort für Erkundung.
3 BG. 4, 38, 5. Cass. Dio 39, 53, 2. Cicero Att. 4, 13, 1 (15. November 55 = Ende Oktober julian.) war in dieser Senatssitzung nicht zugegen; Caesar trat die Rückfahrt von Britannien vor dem 21. September julian. an (BG 4, 36, 2), sodass sein Feldzugsbericht schon im Senat behandelt werden konnte (…)

Michael Grant, Caesar. Genie – Eroberer – Diktator

Im gleichen Jahr (55) gab es ein noch sensationelleres Ereignis: die Überquerung nicht nur eines Flusses, sondern des Ozeans selbst, der die bekannte Erde umgab. Caesar hatte das Meer befahren, als er Statthalter von Hispania ulterior war, und die Expedition, die er nun unternahm, mag ihm schon im Sinn gelegen haben, als er an der Loire Schiffe bauen ließ, um sie gegen die Veneter in der Bretagne einzusetzen. Dieser Stamm hatte das Monopol für den Handel mit Britannien, war aber nicht willens, verlässliche Informationen über die Insel zu geben. Auch Spione und Zwischenhändler halfen Caesar nicht weiter. Der gallische König der Atrebaten (Arras), Commius, einer seiner Kollaborateure, wurde verhaftet, als er den Ärmelkanal überquerte, und ein römischer Offizier, den er zur Rekognoszierung ausschickte, war fünf Tage auf See, ohne dass es ihm gelang, an der ungastlichen britischen Küste zu landen. Manche behaupteten sogar, das Land sei einfach eine Erfindung; diejenigen aber, die an seine Existenz glaubten, neigten dazu, es für sehr reich zu halten.

Der Zeitfaktor spielte eine lebenswichtige Rolle bei diesem Unternehmen, da die Römer es nicht riskieren durften, in den Winter zu geraten; und Caesar berichtet uns, dass seine

Expedition kein Korn für die Truppen an Bord nahm, da man beabsichtigte, von britischem Getreide und Vieh zu leben und vor dem Einsetzen des schlechten Wetters zurückzukehren. Nach den ereignisreichen Monaten im Rheinland war er jedoch vor Ende August nicht in der Lage aufzubrechen. Ohne auf seine Reiterei zu warten, die sich verspätet hatte, stach er nach Mitternacht mit achtzig Transportern, die zwei Legionen trugen, von Portus Itius (Boulogne oder Wissant) aus in See. Gegen neun Uhr morgens war seine Flotte auf der Höhe von Dover, konnte aber angesichts eines Haufens von Britanniern, die so aufgestellt waren, dass sie die Küste mit ihren Wurfspeeren bestreichen konnten, nicht landen. Zu dem britischen Heer gehörte auch eine starke Reiterei, während Caesar nur dreißig Reiter dabei hatte und die Britannier, anders als die Gallier, außerdem Streitwagen einsetzten. Die römische Flotte segelte weiter bis zu einem Punkt in der Nähe von Walmer oder Deal, wo ihr am Nachmittag eine höchst unbequeme Landung gelang. Sobald sie sahen, dass die Legionäre an Land waren, unterwarfen sich die nächsten britischen Stämme alsbald, aber sie nahmen den Kampf wieder auf, sobald die auf Land gezogenen Kriegsschiffe und die verankerten Transporter durch hohe Fluten, an die Caesar nicht gedacht hatte, schwer beschädigt wurden. Mit einem gefährlichen Hinterhalt gegen fouragierende Römer wurde er erfolgreich fertig und konnte sich so die Geste gestatten, die doppelte Zahl von Geiseln zu fordern, ehe er – achtzehn Tage nach der Landung – mit seinen Truppen wieder nach Gallien zurückkehrte.

Tatsächlich sandten die Briten nur sehr wenige Geiseln, und außer der kurzen Rekognoszierung mit großer Truppenmacht war praktisch nichts erreicht worden. Trotzdem, die römischen Adler waren zum ersten Mal in ein legendäres Land getragen worden, das vom Kontinent völlig abgesondert war.

In: Michael Grant: Caesar. Genie – Eroberer – Diktator. Ins Deutsche übertragen von Hertha Balling. München: Heyne 1970, S. 88 f.

1 Die beiden Historiker bewerten die Britannien-Expedition mit unterschiedlichen Schwerpunkten. Erarbeite, wie die Landung gesehen wird, gehe dabei auf Gemeinsamkeiten und Unterschiede ein.

____

____

____

____

____

2 Kommentiere aus deiner Sicht und deinen Erkenntnissen aus der Übersetzung die modernen Bewertungen.

____

____

____

____

____